Peter Wilhelm Forchhammer

Homer

Seine Sprache, die Kampfplätze seiner Heroen und Götter in der Troas und ein letztes Wort zur Erklärung der Ilias

Peter Wilhelm Forchhammer

Homer

Seine Sprache, die Kampfplätze seiner Heroen und Götter in der Troas und ein letztes Wort zur Erklärung der Ilias

ISBN/EAN: 9783744601313

Hergestellt in Europa, USA, Kanada, Australien, Japan

Cover: Foto ©ninafisch / pixelio.de

Weitere Bücher finden Sie auf **www.hansebooks.com**

HOMER.

SEINE SPRACHE.
DIE KAMPFPLÄTZE SEINER HEROEN UND GÖTTER IN DER TROAS.

EIN LETZTES WORT ZUR ERKLÄRUNG DER ILIAS

VON

DR. P. W. FORCHHAMMER.

MIT DER DURCH „DARDANIA UND D THOR" VERVOLLSTÄNDIGTEN KARTE VON FORCHHAMMER UND SPRATT.

KIEL & LEIPZIG.
VERLAG VON LIPSIUS & TISCHER
1893.

Die Sprache.

Die sog. Metapher in Poesie und Prosa die Grundlage der allgemeinen Begriffe.

Die Sprache.

Wenn Einer sagte, wir Menschen leben in einer zwiefachen Welt, der Welt der Natur und der Welt des Geistes, wird man dem wohl nicht zu widersprechen geneigt sein. Mehr vielleicht, wenn hinzugefügt wird, jede dieser Welten hat ihre eigene Sprache. Plato sagt, „die Sprache ist die Offenbarung der eigenen Gedanken". Die Natur hat keine Gedanken, und doch spricht sie durch die Macht und Schönheit ihrer Formen und Erzeugnisse zum Menschen. Es giebt also eine andere Sprache, als die der eigenen Gedanken. Die Natur kann Land und Meer, Fluss und Thal, Wald und Berge in schönen Formen vereinigen, wir sagen wohl, durch eine ihr inwohnende Kraft und Bewegung. Woher ihr aber diese Kraft, Stoff und Form zu einem Ganzen zu vereinigen, stammt, weiss sie selbst nicht, wissen wir nicht, und weder derjenige, der die Landschaft mit beredten Worten beschreibt, noch der Photograph, der sie durch die Maschine abbildet, sagt es uns. Auch der Mensch, der sich an der Schönheit einer natürlichen Landschaft erfreut, beruhigt sich über jene Frage.

Ganz anders der Künstler, der eine Landschaft malt. Er weiss in sich die bewegende Kraft, weil er aus seinem Geist das Ziel, das er verfolgt, geschaffen und diesem seinem Ziel die Vereinigung von Stoff und Form unterordnet, er selbst, der Natur gegenüber, sich bewegend in jener andern Welt des Geistes.

In einem Spruch des Angelus Silesius heisst es: „die Ros' ist ohn' warum, sie blühet weil sie blüht". Nur der Mensch kann (nicht unähnlich der Gottheit) das in seinem Geist vorgebildete Ziel schaffen; darum ist die Sprache seines Werks eine ganz andere, als die der Natur. Die Bewohner von Lemnos, wo einst Hephaestos auf die Erde herabgekommen war, wollten den ihnen verwandten Athenern als Zeichen der Freundschaft eine Bildsäule der Göttin Athena schenken. Sie beauftragten den Phidias mit der Ausführung. Der grosse Künstler bildete nun im Geist die Form, welche dem Plan der Lemnier am besten entsprach. Nicht eine Pallas durfte er bilden, welche im Gewitter den Regen herabschleudert, sondern eine friedliche Göttin, welche den Speer auf die Erde stützt, und zu deren Füssen sich die Erichthonios-Schlange, das Symbol des Bachs, windet, des Kindes der Ge und des Hephaestos. Nach diesen aus der Wirklichkeit entlehnten Motiven prägte nun der Künstler in den unförmlichen Lehmklos die in seinem Geist gebildete Statue und erzeugte so nach dem Ziel in seinem Geist die Bildsäule der sog. „Lemnischen Athena". Er war die causa finalis der schönsten Bildsäule.

Noch entschiedener tritt die zwiefache Bedeutung der Sprache hervor in der Poesie, wenn man sie mit der gewöhnlichen Mundart (dem κύριον bei Aristoteles) vergleicht. Schon die Knaben werden beim Gebrauch des Lexicons durch unzählige Wörter darauf hingewiesen, dass dieselben neben der gewöhnlichen (herrschenden) eine poetische, oder metaphorische tropische Bedeutung haben. Schillers Lied „Das Mädchen aus der Fremde" ist trotz der einfachen Sprache doch nur in Metaphern eine Schilderung des kommenden Frühlings. Man versuche einmal die Klage der Ceres in die gewöhnliche Mundart umzusetzen, d. h. in Wirkliches zu verwandeln.

Goethe erzählt in seinem Leben 18. Buch (Bd. 48, 93): sein Freund Merk sei sehr unzufrieden gewesen, dass er mit den beiden jungen Stolbergs sich für die Reise nach Italien vereinigen wollte. Er habe ihm gesagt, „Du wirst nicht lange „bei ihnen bleiben. Dein Bestreben, Deine unablenkbare „Richtung ist dem Wirklichen eine poetische Gestalt zu geben; „die Andern suchen das sogenannte Poetische, das Imaginäre „zu verwirklichen und das giebt nichts als dummes Zeug". Goethe fügt hinzu: „Fasst man die ungeheure Differenz dieser beiden Handlungsweisen, hält man sie fest, und wendet sie an, so erlangt man viel Aufschluss über tausend andere Dinge". Goethe konnte sich mit den „damaligen Verrücktheiten, die aus dem Begriff entstanden waren, man müsse sich in einen Naturzustand zu versetzen suchen", nicht vertragen. Er liess jene allein reisen. Den Götz von Berlichingen bezeichnet er als das Symbol einer bedeutenden Weltepoche. Als er sich mit den Studien zum Egmont beschäftigte, suchte er in seinen Gedanken den Helden seiner geplanten Tragödie, jünger darzustellen und von störenden Bedingungen loszubinden (48. S. 135), um zu zeigen: das selbst festgegründete Zustände einer strengen und gut berechneten Despotie unterliegen (S. 162) (das ὕπαρχον). Merk hatte richtig erkannt: die Poesie leiht der Wirklichkeit des Geschehenen eine ideale Gestalt. Der Dichter hatte aus seinem Geist nach seinem Zweck (also als causa finalis) durch eine andere Sprache ein Neues geschaffen.

Wie nun schon der Maler durch die Staffage in die Landschaft Bewegung hineinträgt, wie besonders im Genrebild der Gestus sicher eine andere Sprache ist, als die durch den Laut, so tritt dieses Mittel auch vorzugsweise in der dramatischen Darstellung durch wirkliche Menschen auf der Bühne in seine volle Geltung; und Goethe hat nicht versäumt, auch für diese Sprache durch Gesten einige Regeln aufzustellen.

— Die Griechischen Schauspieler, die nur in Masken auftraten, mussten um so mehr sich der Sprache durch Gesten befleissigen. Natürlich bedürfen auch die historischen Bilder der Gesten, die immer metaphorisch sind.

Giebt es nun eine besondere Sprache der Kunst, namentlich der Dichtkunst, so drängt sich von selbst die Frage auf nach dem Ursprung und der Eigenthümlichkeit der Sprache, durch welche sie sich von der gewöhnlichen Mundart unterscheidet. Im Alterthum und in neuerer Zeit sind vielfach Untersuchungen und Ansichten über die Entstehung der menschlichen Sprache aufgestellt, welche theils auf deductive, theils auf inductive Weise die Frage zu lösen meinten. Eine besondere Anregung dazu gab eine Vorlesung des Academikers J. P. Süssmilch in der Preussischen Academie der Wissenschaften, „über die Unmöglichkeit, dass die erste Sprache ihren Ursprung von den Menschen haben könne, sondern allein vom Schöpfer erhalten habe". Er lehrt, der göttliche Verstand allein habe ausgereicht, um die Sprache in ihren, in unzähligen Sprachen wiederkehrenden, Formen, Ordnungen und Abwandlungen zu erfinden. Die Erklärung wie der Schöpfer den Menschen die Sprache und deren Fertigkeit mitgetheilt, lehnt er ab als eine Verwegenheit.

Die Schrift Süssmilch's veranlasste eine Preisaufgabe der Berliner Academie der Wissenschaften: „eine Untersuchung über den Ursprung der Sprache". Von den drei Bewerbern, Herder, Tetens und Tiedemann gewann ersterer den Preis. Alle drei befolgen in ihren Untersuchungen die inductive Methode. Sie gehen aus von der angebornen thierischen Natur des Menschen. Herder lässt den Menschen wie ein Thier seine schmerzlichen Empfindungen durch Geschrei und lautes Gejammer ausdrücken. Während aber das Thier durch Instinct sich weiter entwickelt, fehlt dem schwachen Menschen dieses Mittel. Statt dessen gelange er durch „Reflection oder

Besonnenheit" zu dem, was ihn vom Thier unterscheidet. Die Reflection auf „Merkmale" an den Erscheinungen spricht sich aus im Laut. So ist die Sprache erfunden (?). In diesem Zustande entwickelt sich der ursprüngliche Thiermensch durch Einfluss der Umgebung, durch den Nachahmungstrieb, durch den Umgang mit andern Menschen etc. zu einem geistigen der Vernunft fähigen Wesen (?).

Ausser denen, die vom Thier im Kinde ausgehen, giebt es Andere, welche, wie die Epicuräischen Philosophen, die schon Erwachsenen in der Thierheit fortleben lassen, wie das „mutum et turpe pecus" die ersten thierischen Menschen, welche sich mit Fäusten und Knitteln, dann mit Waffen um Nahrung und Besitz bekämpften, bis sie endlich die Sprache erfanden, und von nun an nach Gesetzen und Sitten in Frieden lebten. —

Alles das klingt uns, die wir wissen, dass es heute in der Welt, in der wir leben, ganz anders zugeht, unglaublich. Und doch scheint ein berühmter Sprachenkundiger und Sprachenvergleicher Max Müller und sein Freund Noiré, dem er zuerst das εὕρηκας zuruft, eben so weit zu gehen oder noch weiter.

Max Müller, dessen Wohlwollen der Schreiber dieses durch unerlässlichen Widerspruch nicht zu verlieren hofft, spricht in seiner Abhandlung „on the Simplicity of language" von der Zeit, als noch keine Arische Sprache, als noch kein Zeitwort und Nennwort da war, sondern nur der Embryo eines Menschen ohne Sprache und ohne Vernunft. Unter diesen im Grunde nur thierischen Menschen, die sich freilich nicht Prügel und Knittel, wohl aber seltsamer Weise schon Spaten, Ruderböte und Spindeln gemacht hatten, ehe sie ein Wort kannten, seien zuerst die Wurzeln der Wörter entstanden. Diese Wurzeln seien bei der Thätigkeit der mit einander grabenden Bauern, der mit einander rudernden Matrosen, der mit einander spinnenden Weiber als blosse Laute oder Töne ausgestossen (clamor concomitans wird solcher Laut genannt). Sowohl den sie ausstossenden als den sie hörenden verständlich, beständen die Wurzeln aus einem Vocal und einem Consonanten, und müssten — einen allgemeinen Begriff enthalten. Jene Laute nehmen allmälig eine bestimmte Form an; nur rücksichtlich der allgemeinen Begriffe (general concepts) beruft sich Max Müller auf sein grösseres Werk „the science of thought".

Es mag sein, dass die rein inductive, von dem Materialismus oder von den Anfängen der thierischen Menschen ausgehende Linguistik auf keine andere Weise zu einer begrifflichen Sprache gelangen kann, als dass sie dieselbe gegen alle Erfahrung in jene aus thierischem Stöhnen nach obiger Erklärung entstanden sein sollende Wurzeln hineinlegt. Es mag sein, dass bei denen, welche jene unarticulirten Laute ausstossen und verstehen, sich eine sog. Sprache entwickeln und auf andere Subjecte ausdehnen kann, also z. B. „ich grabe", „er gräbt", „sie graben" etc. etc. „Aber jetzt, sagt „der Verfasser, ereignete sich die Uebertragung unserer „Handlungen und Zustände auf die Natur (aus „ich grabe" „wird „es gräbt"). Dieser Schritt (diese fundamentale Me- „tapher) erscheine klein; in Wirklichkeit sei er ungeheuer „gross. Nichts scheint, so fährt er fort, einfacher als, dass „der Urmensch, nachdem er gesagt hat „er gräbt", nämlich „das Subject, auch sagt „es gräbt", nämlich das Object; und „doch läuft dieser Schritt darauf hinaus den ganzen Context „unserer Erfahrung in eine neue Sprache zu übertragen; ich „meine jene radicale Metapher, die uns so von Objecten „denken und sprechen lässt, als wären sie Subjecte wie wir „selbst. Aber bedenklich wie diese Auffassung der objectiven „Welt auch erscheinen mag und wunderbar wie die ganze „Mythologie, zu welcher sie geführt hat, ist, der Schritt „war unvermeidlich."

Die Sprache.

„Sobald dieser geistige Act (das Object sprechen zu
„lassen als wäre es ein Subject wie wir selbst) vollzogen war,
„war die Mythologie im weitesten Sinne des Worts geschaffen.
„Eine Welt, welche nichts anderes sein konnte, als ein Reflex
„unserer selbst. Die einzige Sprache, welche wir auf diese
„neue Welt anwenden konnten, war die Sprache, welche uns
„und unseren mitarbeitenden Genossen eigenthümlich war (die
„ihren Ursprung in dem erwähnten clamor concomitans der
„Grabenden und Rudernden etc. hatte). — Hier ist der wahre
„Schlüssel zu dem Räthsel der Mythologie und in gewissem
„Sinne auch der Theologie zu finden, nämlich in der un-
„vermeidlichen Metapher oder Uebertragung des Subjectiven
„auf das Objective; während das, was wir gewöhnlich My-
„thologie nennen nur ein kleiner Rest jener allgemeinen Ent-
„wickelungsstufe unseres Denkens, ein schwaches Fortleben
„dessen ist, was einst ein vollständiges Reich des Ge-
„dankens und der Sprache bildete".

Alle Verfasser, von denen bisher die Rede war, (etwa mit Ausnahme Süssmilchs) sprechen von der Sprache an sich, ohne Rücksicht auf die besonderen Sprachen, die sich etwa aus jener entwickelt hätten. Sie gehen aus von den Anfängen der Sprache bei den Thier-Menschen, auf welche sie die Ergebnisse ihrer Forschung gründen. Es liegt doch näher, zunächst von dem Thier-Menschen abzusehen, und mit dem geistigen Menschen anzufangen, der sich eben als solcher von jedem Thier unterscheidet und zwar grade durch die Sprache von der Geburt an und durch die Geburt. Heute in der Welt und Umgebung in der wir leben, brauchen die Kinder nicht zu warten bis Spaten und Ruderboote erfunden sind, wie Noirés Bauern und Matrosen, nur unarticulirte Töne auszustossen, oder Prügel und Knittel vom Baume zu reissen, wie das Horazische mutum et turpe pecus, um in den ersten Lauten die Anfänge der Sprache zu bilden. Sie sind schon in der ersten Kindheit im Besitz der Mittel durch Laut oder einen Gestus ein Begehren auszudrücken. Es wird wohl keine Mutter darüber zweifelhaft sein, dass ihr Kind durch Laut oder Gestus einen Gedanken, ein Begehren nach einem Genuss oder nach der Befreiung von einem Schmerz ausdrückt. Schon in den ersten Tagen beginnt die Wahrheit des Satzes beim Plato (Theätet. p. 206) „die Sprache besteht in dem Offenbarmachen des eigenen Gedankens, durch die Stimme (oder durch Gesten)". Und dieser eigene Gedanke des Kindes und in allen späteren Jahren ist immer ein Begehren. Da jedes Begehren auf ein Künftiges gerichtet ist, sagen wir, schon im Kindesalter verfolgt der Mensch Zwecke, und hört bis in sein spätestes Alter nicht auf, Zwecke zu verfolgen.

Diese Zweckgedanken sind und bleiben bei dem Heranwachsenden, und sind durchaus subjective und concrete (καθέκαστα). Von „allgemeinen Begriffen" (general concepts, dem καθόλου) ist noch lange nicht die Rede. Aber weil das Kind (im frühesten und im späteren Alter) keine Erfüllung seines Zweckes erreichen kann ohne die Hülfe der Eltern oder der Geschwister oder anderer Menschen, so ist es schon dadurch von Natur auf die Gesellschaft mit Andern angewiesen, es ist φύσει πολιτικόν ζῶον und bleibt es bis an's Ende seines Lebens.

Der geistige Mensch strebt, soweit seine Kraft reicht, die Zweckursache die causa finalis seiner Zukunft zu sein. Das ist seine Freiheit. Weil er aber nur als geselliges Wesen seine Zwecke erreichen kann, so muss er in jedem Menschen, der ja auch ein geselliges Wesen ist, dieselbe Freiheit anerkennen. Wie nun dasjenige, nach dem alle streben, nach alter Lehre für jeden das wahre oder vermeintliche Gute ist, jedes Gute aber naturgemäss um eines höheren Gutes willen sein muss, so folgt dass je höher desto mehr von allen mit geistiger Freiheit begabten geselligen Wesen fortwährend das höhere Gute zu erstreben ist. Von denen, welche nur das, was für sie selbst gut ist, die nach Aristoteles „verkrüppelt" am Geist nur das scheinbare Gute erstreben, braucht hier nicht die Rede zu sein, da wir im Namen der Gesammtheit mit Aristoteles sagen, im Besitz der geistigen Freiheit begeht niemand Ungerechtes und Schlechtes. Dies gehört in die Ethik und Politik.

Kehren wir zurück zu dem eben Erkannten, dass alle ursprünglichen Gedanken subjective, concrete Vorstellungen, nur Einzelnes, nur $Ka\vartheta\acute{\epsilon}\varkappa\alpha\sigma\tau\alpha$ enthalten, niemals „allgemeine Begriffe" (general concepts), wie sie der Naturforscher braucht und der Lexicograph in seinen Artikeln voranstellt. Nur durch öftere Wiederholung im Gedächtniss entsteht nach Platon erst eine richtige Vorstellung aber erst lange nachher ein allgemeiner Begriff. Wie oft sich auch in der Sprache des Kindes Vorstellungen wie Mutter, Vater, Bett, Wagen, Lamm, Puppe, Pferd u. s. w. wiederholen, es sind immer nur Namen für Einzelnes. Nachdem viel, viel Zeit verflossen ehe das Kind zum Bewusstsein des allgemeinen Begriffs gelangt, bewegt es sich in dem, was in der gebildeten Sprache gegenüber den allgemeinen Begriffen, als Metapher gilt. So wird jeder Gestus, jeder freundliche Blick des Kindes eine Metapher, wenn man will ein poetischer Ausdruck, so ist alle Poesie in der Regel tropisch oder metaphorisch d. h. sie bedient sich der Wörter nur in der Bedeutung des Einzelnen, des Subjectiven. — Wir brauchen also nicht, wie oben verlangt war, anzunehmen, dass einst in ältester Zeit mittelst einer fundamentalen Methapher ein wunderbarer Sprung „in ein vollständiges Reich des Gedankens und des Geistes" gemacht sei, von dem uns ein kleiner Rest geblieben sei. Vielmehr: wir leben von Kindheit an in diesem Reich des Gedankens und des Geistes. Und wenn Kinder mit ihren Puppen sich unterhalten oder diese unter einander wie lebende verkehren lassen; wenn Knaben „Pferd spielen" und sich mit dem „Pferd" unterhalten, so ist das alles doch nichts anderes, als die Objecte so sprechen zu lassen, als wären sie Subjecte wie wir. Das Vaterunser, und jeder Kirchen-Gesang; ja, wohl jeder Gesang besteht in der Hauptsache aus Metaphern, und lässt sich meistens gar nicht in die gewöhnliche Mundart umsetzen. Kurz wie beim Gestus und in der Sprache der Kinder, so ist in der ganzen Poesie und in der höheren Sprache der deductiven Wissenschaften der sog. metaphorische oder tropische Ausdruck das Primitive, aus dem sich wie gesagt, erst durch öftere Wiederholung der allgemeine Begriff in der gewöhnlichen Mundart entwickelt hat. Daher hatte Zarncke nach einer jüngsten Rede ganz recht, wenn er auf die Anerkennung des Unterschiedes der Sprache in Poesie und Prosa im Gegensatz der gewöhnlichen Mundart drang. Wir haben oben gesehen, wie Goethe selbst gesteht, den realen Wirklichkeiten in seinem Götz und seinem Egmont (nach Merks Ansicht) eine poetische ideale Gestalt gegeben zu haben. Daher heisst es auch beim Aristoteles in der Poetik (22) die Methapher sei am geeignetsten für die dramatische Dichtung aber auch zugleich mit den zusammengesetzten Namen und Wörtern für die epische Poesie.

Wenn wir wie oben deductive und inductive Methode unterscheiden, so zeigt sich gleich in der Anwendung, dass die deductive Methode ursprünglich allen sog. Facultäts-Wissenschaften eigenthümlich ist. Die Theologie deducirt aus der Idee der Gottheit, die Jurisprudenz aus der Idee des Rechts, die Medicin aus der Idee der Gesundheit, die Philosophie aus der Idee der Wahrheit, die Geschichte aus der Idee der Anfänge, (nicht des Endes.) Sie alle verfolgen einen geistigen Zweck, dessen Wahrheit als nothwendig aus der

Anwendung der Causalität, d. h. aus der rechten Wirkung einer rechten Ursache erfolgt. In den Einzelheiten der Natur giebt es keine bewusste Zwecke. Daher leugnen die Materialisten alle Teleologie. Es existirt in den natürlichen Dingen keine bewusste Verbindung zwischen Ursache und Wirkung, keine Causalität, als diejenige, welche die inductive Wissenschaft aus der deductiven d. h. welche der Materialismus aus dem bewussten Geist entlehnt. Wenn nun aus diesem Verhältniss sich nothwendig eine Verschiedenheit der gewöhnlichen Sprache der Naturwissenschaft gegenüber der Poesie und der deductiven Prosa ergiebt, so erklärt es sich auch, dass die Sprache zwischen „Wörtern" und den „Worten" unterscheidet. Die Wörter sind die in dem Alphabetischen Lexicon vorangestellten, welche in der Naturwissenschaft und in der Sprachenvergleichung ihre Bedeutung als vorhandene Objecte, als ὑπάρχοντα haben, die man zählen kann, während man die „Worte" in der Poesie und in der gehobenen metaphorischen Sprache nach ihrem Werth zu wägen hat.

Kehren wir jetzt wieder zum Ursprung der Sprache, nämlich einer einzelnen, namentlich uns bekannten Sprache zurück, so ist den Gebildeten unserer Zeit schwerlich eine ältere Sprache in gleicher Weise bekannt, wie die Homerische, keine, in der die aus den ersten Lauten entstandenen Wurzeln und Wurzelwörter für die einfachsten Gedanken so erkennbar sind. Schon in dem ersten freundlichen Blick des Kindes ist ein Ich enthalten, welches von dem Du in dem gleichen Blick eine Antwort erwartet. Eben so verhält es sich bei jedem Gestus, bei jedem Laut. Man vergleiche z. B. folgende einsylbigen Wurzeln, die mit dem Zusatz des Zeichens der ersten Person meistens zugleich ein Wurzelwort bilden. Also ἄω hauchen, ἴω sein, ἴω setzen, ἴω gehen, ῥέω rauschen, regnen. — Dieselben Laute mit einem vorgesetzten Consonanten: βάω gehen, γάω sein, δάω lernen, ζάω leben, θάω saugen, κάω brennen, λάω erstreben, μάω trachten, νάω fliessen, ξάω schaben, πάω erwerben, σάω erheben, τάω spannen, φάω leuchten, χάω gaffen, ψάω streicheln, δέω binden, ζέω warm sein, θέω laufen, κέω liegen, νέω schwimmen, ξέω kratzen, ῥέω fliessen, χέω giessen u. s. w.

Es liesse sich das Verzeichniss der einfachsten Wurzeln für die einfachsten Gedanken leicht vermehren, sich allmälig erweitern unter der Leitung der schon erkannten Eltern, Brüder und Schwestern. Der Name Máma mag sich wohl auf die begehrte nährende Mutter beziehen, und in dem Namen Pápa lag der Ausdruck freundlichen Einschmeichelns vielleicht lange ehe die bittende Nausicaa mit diesem Namen ihren Vater anredete. Also wie der erste freundliche Blick des Kindes, so fordert schon das erste Mama und das erste Papa eine gewährende Antwort, die Erfüllung eines Zwecks. Es ist die causa finalis der Verwirklichung.

Nun gehe einmal jeder beliebige Erwachsene von jedem Moment seines Lebens rückwärts seine „eigenen Gedanken" durch; er wird finden, dass er beim Aussprechen oder Andeuten derselben stets einen Zweck hatte, dessen Verwirklichung er erstrebte, und dass dieser Zweckgedanke so weit zurück sich verfolgen lässt, als sein Bewusstsein reicht. Wir sind alle „Streber" wenn auch dieser Ausdruck besonders von denen gebraucht wird, welche nach schwacher Kinder Art eigenen Vortheil durch die Macht anderer zu erlangen sich abmühen.

Die Erinnerung an die ersten Jahrzehnte der Jugend führt auf die Anfänge der Erziehung, der Gewöhnung zu guten Zwecken nach der uralten Unterscheidung der drei ethischen Tugenden des Handelns und der Einen, die jene drei beherrschen soll, des Denkens. Zu jenen der Mässigung, des Muths und der Gerechtigkeit erzieht die populäre Metapher des „bescheiden" seins, des „nicht blöde" seins, des gerne „mittheilens", zu der letztern die Metapher des „den Verstand brauchen." Von allem diesem weiss die Natur nichts. Alle Erziehung, von der Aristoteles sagt, sie müsse als Selbsterziehung bis an das Lebensende dauern, erfolgt nur durch die oben als primitiv erkannte Metapher, geht aus vom Geist und führt zum Geist, zur Humanität; die nie ablässt, die Zweckursache, die causa finalis zum Guten, zum Besseren zu sein. Darum sagt Aristoteles, der Mensch soll nicht nach der gerühmten Ermahnung als Mensch Menschliches, als Sterblicher Sterbliches denken, sondern, so weit es möglich ist, in der Unsterblichkeit leben und alles thun im Einklang mit dem Mächtigsten in ihm, dem göttlichen Geist.

Jeder weiss, dass auch in den Nordischen, ähnlich wie nach Platon in den Griechischen Mythen, die Götter und Heroen sich in Wolken, Nebel und Wasser bewegen, dass in diesen Mythen die Religion des Volks zugleich die reale Natur und die ideale Macht der Geister vereinigt wusste und auf Grund dieses Wissens im Wechsel der „Sonnenwende" den Göttern Feste feierten. Es scheint, als müssten sich dieser Mythen Diejenigen erinnern, welche annehmen, der Mythos enthalte nur die Sage, nicht auch das ihr entsprechende Reale, das Wirkliche in der Natur (das ὕπαρχον), deren Unterschied und Zusammengehören wir in den „Prolegomena" deutlich dargelegt haben. Es ist eben die Eigenthümlichkeit des Polytheismus, dass er beides durch das Wort vereinigt, „dass er dem Wirklichen eine poetische Gestalt giebt".

Im Monotheismus wird die Gottheit als die Macht anerkannt, deren Zwecke die identische Ursache aller Bewegungen und Veränderungen in der Welt sind: „so der Herr gebeut, steht es da; so er spricht, geschieht's". Freud' und Leid sind dem religiösen Sinn Verwirklichung göttlicher Zwecke.

Gott ist die causa finalis, identisch mit der materiellen causa naturalis. So lange der Mensch, der sich selbst als körperliches und geistiges Wesen weiss, sich nicht zum Monotheismus erhoben hat, liegt es ihm nahe, dass er sich wie für jede Bewegung seines eigenen Körpers, so in den Bewegungen einzelner Theile der körperlichen Welt, die er sah, eine mit jener übereinstimmend bewusste Zweckursache dachte. Die Materie, die er kannte, ist ohne Geist. Der Polytheist denkt die geistige Ursache der Bewegung in die bewegte Materie hinein, verwandelt, selbst geistig, die bewegte Materie in eine handelnde Macht. Die richtige Formel für die Epik ist diese: der Mythos ist die auf dem Doppelsinn des Wortes beruhende Darstellung der Bewegungen einer räumlich bestimmten Natur als von inwohnendem Geist gewollter Handlungen, oder wie man auch sagen kann: die Darstellung der causa naturalis als causa finalis.

So bestand jenes „vollständige Reich des Gedankens und der Sprache" zur Zeit des Homer und der Dichter der Argonautika, der Thebaika und anderer vor diesen.

Auf Grund dieser Aufführung beruhten alle meine früheren grösseren und kleineren mythologischen Schriften. Wie war es nun möglich, dass einer der bedeutendsten neueren Schriftsteller über Mythologie, in einer der Geschichte der Mythologie gewidmeten Abhandlung in der Deutschen Rundschau sich wie folgt äussern konnte? „Der erste Mythologe, der „Griechenland bereiste, Forchhammer, will nicht bloss „Naturvorgänge als einzigen Inhalt aller Griechischen „Mythen anerkennen, sondern auch nur solche von einer bestimmten Gattung, nämlich Metamorphosen von Luft und „Wasser durch die verschiedenen Grade der Wärme."

Eine so geringe Kenntniss des so oft ausgesprochenen Doppelsinns des Mythos berechtigte wohl zu dem Ausruf der A. Alg. Ztg.: „wenn das am grünen Holz geschieht"! — Gleichwohl mussten wir am Schluss jener Abhandlung Friedländers lesen, „es könne der Forschung gelingen, die Nebel, welche den Homer umgeben, hie und da zu theilen, aber dass sie völlig oder auch nur grossentheils gehoben werden, dazu sei bis jetzt nicht die geringste Aussicht vorhanden."

Bei der Einseitigkeit der historisirenden Sagenerklärung, bei der Genügsamkeit der technisch künstlerischen Archaeologie, bei der Angst gewisser Gelehrten, es möchte sich für eine richtigere Erklärung eine allgemeine Ansicht verbreiten, bei dem Mangel an Kenntniss der geographischen, topographischen, klimatischen Besonderheiten und des Verständnisses derselben durch gute Karten und Reisewerke, endlich bei der Uebersättigung der gelehrten Welt durch so viele vergebliche Versuche der Mythenerklärung und Spracherklärung hört jedes Rechten mit unserm verehrten Collegen auf.

Im Bewusstsein dessen, was wir durch ernstes Studium wissen und durch Beobachtung in den betreffenden Gegenden und Gebieten erfahren und erkannt haben, sprechen wir zum Schluss dieses Ergebniss: **Nur wer die zwiefache Eigenthümlichkeit der Sprache richtig auffasst und damit die genaue Kenntniss der Natur des betreffenden Landes verbindet, wird im Stande sein, den Homer vollständig zu verstehen.**

Vergl. des Verfassers Schriften „Materie und Geist", die „Wanderungen der Inachostochter Io" und „die Gründung Roms".

Rein sachlicher Nachweis

der

einzelnen Plätze der Troischen Ebene, in denen sich die Kämpfe und Handlungen der Götter und Heroën während der vier Tage des Krieges in der Ilias vollziehen — ohne Rücksicht auf irgend welche mythologische Erklärung.

Vergl. die Karte von Forchhammer und Spratt — über deren Ursprung durch den Ersteren ausführlich berichtet ist im „Daduchos Seite 139—146" und „Erklärung der Ilias S. X". Die anliegende Karte ist revidirt mit Rücksicht auf „Dardania", das „D(ardanische) Thor" und „Untere Stadt Ilios".

Kampfplätze der Heroen und Götter in der Troas.

Die Kiepertsche Karte von Kleinasien zeigt deutlich das Ida-Gebirge in seiner ganzen Ausdehnung. Von der Troischen Ebene gesehen, welche sich von Süden nach Norden bis an den bei Kumkale endenden Hellespont erstreckt, hat man das grosse Gebirge zur Rechten, d. h. gegen Osten, bis an den Aisepos unweit von Kyzikos sich ausdehnend. Nördlich von dieser Linie erstreckt es sich längs dem Hellespont und einem Theil der Propontis, südlich bis an die Quellen des Aisepos und den Meerbusen von Adramytion. Hoch im Innern des Ida oberhalb der grossen Binnenebene von Beiramitsch, in welche sich eine grosse Menge kleinerer Flüsse ergiessen, entspringt der Mendere (Simoeis). Dieser Fluss, der zuweilen aus der Ebene von Beiramitsch eine immense Masse Wasser aufnimmt, fliesst anfangs von Osten nach Westen, wendet sich plötzlich bei Ineh von Süden nach Norden oft mit grosser Gewalt in dem engen Thal besonders vor der Schlucht oberhalb der Burg von Kara Dag (Kiepert) (gewöhnlich Troia genannt), wo er bis zu einer Höhe von 40 Fuss, nach Virchow 42 Fuss, über den Kieseln seines im Sommer fast trockenen Flussbettes steigt. Aus dieser Schlucht hervorbrechend bildet der Mendere zwei mächtige Arme, 1. links den gewöhnlichen Simoeis, 2. rechts den Dardanischen Fluss. Dieser verbindet sich, seine Ufer überfluthend, mit dem von seiner Rechten herabströmenden Kimar und mit dem See „Djudan", d. h. „der nie leer wird", jetzt aber den aus ihm entspringenden Kalifatli-Osmak bis an den Rand seiner hohen Ufer füllt, so dass ein grosser Theil der unteren Ebene bei dem In-Lepe überschwemmt werden würde, wenn nicht schon in alter Zeit ein künstlicher kurzer Canal, die τάφρος ὀρυκτή (Il. 8, 180. 9, 66. 10, 180.) die Gewässer in den so entstandenen Hafen, Karanlik-Limani, abgeleitet hätte. Diese Fluthen des Osmaks werden noch jährlich gesteigert durch die Gewässer von Thymbra aus dem Dymbrekoi-Tschai. Der „Osmak" ist ein perennirender Fluss, der nie leer wird, wie der Djudan, aber dessen Gewässer im Sommer hin und wieder unter dem Flussbett weiter strömen. Vgl. den Osmak zwischen den Boibeïs und Nessonis.

Dieses ganze Gebiet zwischen den Vorbergen des Ida's und dem Mendere kann man das Gebiet des Osmaks nennen, zur Unterscheidung des Gebiets an der andern, linken Seite des Mendere. Jenes zeichnet sich aus durch eine höhere Lage, ist sogenanntes Geestland, hat daher viele Kornfelder und unten hinter dem „gegrabenen Canal" Baumwuchs, während dieses, ein Marschland, nur Maisfelder und Weideland, z. Th. stehende Sümpfe aufweist. Auf der Höhe neben dem Osmak erheben sich die steilen Felsen der Vorberge des Ida auf mehr als 100 Fuss über der Ebene. Auf diesen liegt Hissarlik, etwa eine halbe geogr. Meile oberhalb des Karanlik Limani.

Das andere wasserreiche Gebiet links vom Mendere beginnt da, wo der Fluss [beim Hervortreten aus der erwähnten Schlucht sein Ufer überschreitend bei dem Baluk mit dem Kimar einen Sumpf bildet], selbst aber in einem bestimmten Bett als grosser Fluss unterhalb der Vorebene einer alten Stadt (sonst sogenannten Troia) weiterfliesst. Zunächst umwirbelt er mehrfach zwei grössere und zwei kleinere Inseln. Dann ergiesst er sich zwischen festen Ufern in unzähligen Windungen, in der Regenzeit bei hohem Wasser, theils rechts,

Kampfplätze.

besonders aber links seine Ufer überfluthend, bis hinab zu der hochsandigen Mündung, auf der das „Sandschloss" Kumkale errichtet ist. — Durch solche Ueberfluthung verbindet er sich zunächst mit dem Strom aus den wasserreichen Quellen von Bunarbaschi, bildet dann mit diesen den grossen fischreichen See längs dem Bunarbaschi-Strom, den die Fischer mit einem in dem See liegenden Kahn befahren. Weiter hinab bei Erkessikoi bildet er wieder einen Sumpf und darauf versumpft er die ganze Thalniederung, die sich links vom Sigeion bis an das Aegaeische Meer erstreckt. Längs diesem Thal links fliesst der eigentliche Bunarbaschi-Strom in einem gegrabenen Canal bis an dasselbe Meer, während die von ihm verursachte Ueberschwemmung als Xanthos sich unter dem Sigeion mit dem untersten Mendere wieder verbindet und mit diesem in den Hellespont abfliesst.

Nach dieser objectiven Darstellung des jetzigen Zustandes der in Geest- und Marschland getheilten Ebene, ohne Rücksicht auf die von mir und anderen angenommenen Erklärung der Homerischen Gedichte, wird man die Möglichkeit einräumen, dass die einzelnen Angaben bei Homer auf ganz bestimmte Orte der Ebene localisirt werden können.

Zu diesen gehört das Aelteste aus der Vorzeit, von welchem uns im Homer berichtet wird, nämlich die älteste Gründung in der Troas, Dardania, die von Dardanos, dem Sohn des Zeus und der Elektra errichtet war. Ueber diesen berichtet Aineios, sein Nachkomme, im Gespräch gegen den Achill Folgendes. Il. 20, 215.

„Erst den Dardanos zeugte der Herrscher im Donnergewölk Zeus
Ihn Dardanis Gründer; denn Ilios heilige Veste
Stand noch nicht im Gefilde, bewohnt von redenden Menschen,
Sondern am Abhang wohnten sie noch des quelligen Ida.
Dardanos zeugte darauf Erichthonios, den Beherrscher,

Welcher der reichste war der sterblichen Erdebewohner.
Dann Erichthonios zeugte den Tros zum Gebieter den Troern;
Aber von Tros erwuchsen die drei untadlichen Söhne
Ilós, Assarakos auch und der göttliche Held Ganymedes.
Welcher der schönste war der sterblichen Erdebewohner,
Ihn auch rafften die Götter empor, Zeus Becher zu füllen,
Wegen der schönen Gestalt, dass er lebte mit ewigen Göttern.
Ilos (der Gründer von Ilios) zeugte den Sohn Laomedon, tapfer und edel.
Aber Laomedon zeugte den Priamos und den Tithonos,
Lampos und Klytios auch und den streibaren Held Hikelaon.
Kapys, Assarakos Sohn, erzeugte darauf den Anchises,
Aber mich selbst Anchises; und Priamos zeugte den Hektor."

Aineias hatte schon (Vrs. 209) hervorgehoben, dass er der Sohn der Aphrodite sei. Aus der eigenen Erklärung des Homer (oder Aineias) ergiebt sich also auf das Bestimmteste, dass die von Schliemann ausgegrabenen älteren Ruinen von Hissarlik die Ruinen der ältesten Stadt der Troas sind, die Ruinen der von Dardanos $ἐν ὑπωρείαις πολυπιδακος Ἴδας$ gegründeten Stadt Dardania. Schliemann hatte sich zu seinem eigenen Schaden geirrt, und geirrt haben sich alle seine Nachtreter, unter denen diejenigen, die seine Gastfreundschaft erfahren, den Homer lesen konnten und die ausgegrabenen Ruinen unter seiner Leitung gesehen hatten, wohl die Verpflichtung gehabt hätten in ihrem Urtheil vorsichtiger zu sein. Namentlich gilt dies auch von den Gelehrten Englands. Andere Vorberge des Ida, worauf Ruinen einer Stadt, giebt es nicht.

Es ist klar, dass Dardania die Hauptstadt des höher gelegenen, von dem Osmak bis an den tiefen Grenzstrom des Lagergebiets und der drei Lagunen am Strande durchflossenen, Gebiets (Geestlandes), des dem Aineias, als „künftigem Herrscher über die Troer" bestimmten Reichs, war. Poseidon hatte diese Erbfolge des Aineias und seiner Kinder und

Kindes-Kinder vorhergesagt. Il. 20, 307, 8 und Achill dieselbe höhnisch angedeutet Il. 20, 180.

Die unmittelbare Folge dieses Nachweises ist, die Richtigkeit der von mir bestimmten Ansätze auf meiner und Spratts Karte für Ilios und aller damit zusammen hängender Orte. Wir kommen darauf zurück.

Während des Troischen Krieges, der allerdings sich allmälig über die ganze Ebene ausdehnte, war die Dardanische Ebene der Kampfplatz des $Αἰνείας$. Hier war zuerst Diomedes, der sein Zelt in der Mitte des Achaeischen Lagers bei den Lagunen (Stomalimnais) hatte, mit dem Aineias zusammengestossen. Il. 5, 297. Aineias von der Aphrodite gerettet kehrt später in die Schlacht zurück und wird wieder von Diomedes angegriffen Il. 5, 432.

Zum Verständniss aller Kämpfe des Aineias in dem ihm bestimmten Gebiet Dardanias werden wir einen Blick auf das ganze untere oder Strandgebiet der Troas werfen. Wir theilen dasselbe zweckmässig in drei Theile, 1. Gebiet der Mündung des Mendere, 2. Gebiet der drei Lagunen, welche sämmtlich theils von oben durch den Osmak, vor allem aber von unten durch die Ueberschwemmung des bei starkem Regen und Zufluss aus dem Bosporus und bei vom Südwind stark aufgestauten Gewässern des Hellesponts angefüllt werden; 3. das jenseits des gegrabenen Canals bis an das Aianteion (In-Tepe) sich erstreckende Gebiet.

Der Mendere hat besonders an der Seite seiner Mündung grosse Sand-Dünen aufgeworfen auf denen das „Sandschloss" Kumkalé errichtet ist. Zwischen diesem Sandhügel und dem Sigeion ist eine kleine sumpfige Ebene, im Süden begrenzt durch das sog. Grab des Achill, im Westen offen gegen das Aegäische Meer. Hier, nicht am Hellespont, war das Zelt des Achill, in dessen Nähe er sich nach dem Streit mit dem Agamemnon zurückgezogen hatte, $θίν' ἐφ' ἁλὸς πολιῆς ὁρόων$

ἐπὶ οἴνοπα πόντον Il. 1, 350 u. öfter. Hier erschien ihm die Thetis, von hier stieg sie wie ein Nebel 1, 557 zum Olymp, und kam von dort wieder durch das Meer zurück. — Das hohe Ufer an der rechten Seite der Mündung verhinderte die Verbindung des Mendere mit den Lagunen und dem in dieselben und aus denselben fliessenden hier sehr tiefen Osmak oder Graben um das Lager.

An dieser Mündung des Mendere war es, wo Hector, nachdem er durch die Lücke zwischen dem Fluss und den Lagunen und durch die Mauer in das feindliche Lager gedrungen war (Il 12, 58 u. 445 ff.) dem Teukros (13, 170, 13, 180) und Menestheus (Il. 13, 195) begegnete. Weiter links von dem Telamonier in dem Gebiet der Lagunen standen Nestor, Odysseus, Diomedes. Hier traf Agamemnon die drei Versammelten (Il. 8, 222) beim Schiff des Odysseus in der Mitte zwischen den Schiffen des Aias und Achilles. Dann folgten die beiden Aiass, zuletzt am weitsten links Idomeneus, Meriones, und die Kreter.

Im 5. Buch erfolgt der Kampf des Diomedes hauptsächlich gegen den Αἰνείας. Da Diomed am untern Ende des Osmak, Aineias an dessen oberem Ende seinen Stand hatte, so ist sicher anzunehmen, dass die Aristeio des Diomedes in dem Gebiet des Osmak stattfand, d. h. in dem Gebiet von Dardania, in dessen oberstem Theil das Dardanische Thor von Ilios führte, welches neueste Philologen bequemlich mit dem Skäischen Thor identificiren. Schol. Il. 22, 194 τὰς Δαρδανίας πύλας ἀνατολικὰς θέλουσι, Σκαιὰς δὲ πρὸς δυσμὴν νενούσας.

In der Epipolesis 4. Buch kam Agamemnon zuerst am äussersten linken Flügel der Achaeer zum Idomeneus und Meriones, Führern der Kreter und zu den beiden Aiass. Ueber diese drückte er seine Freude aus. Dann traf er in der Mitte (des Lagers) den Nestor den „alt

gewordenen" und den Manestheus der neben dem Odysseus
stehend mit jenem zurückgewichen war. Odysseus, widerspricht dem Tadel wegen Unthätigkeit. Ebendaselbst bei den
Lagunen fand Agamemnon den Diomedes und Sthevelos, die
er auch wegen ihrer Unthätigkeit tadelt. Diomedes schweigt,
Sthevelos widerspricht. Dass Nestor Odysseus und Diomedes in der Mitte des Lagers standen, ergiebt sich aus
Il. 8, 222 vgl. mit Il. 5, 781 und 10, 73 f. Agamemnon und
Menelaos begegnen sich. in der Nacht, gehen zum Nestor,
Diomedes, Odysseus. Auf den Wunsch der Helden werden
die beiden Ajaxe, $Αἴας$ $Ταχύς$ und der Sohn des $Οϊλευς$
(nicht des handschriftlichen $Φυλευς$ herbeigeholt Sie gehen
sämmtlich zu dem gegrabenen Canal ($τάφρον$ $ὀρυκτήν$), wo
die Wachen ausgestellt waren (Il. 9, 65.) Die Helden gingen
über den gegrab. Canal, scheinen hier auch den Meriones
und den Sohn des Nestor gefunden zu haben.

Es erfolgt dann die bekannte Begegnung des Diomedes
und Odysseus gegen den Dolon, ausserhalb des gegrabenen Canals am unteren (sumpfigen) Ende des Rhesos
(Rhoites). Aus den Angaben Dolon's ergiebt sich, dass in
der Nähe am sumpfigen Ende des Flusses von Thymbra
auch Lykier standen. Rhesos, der König, war in der kalten
Winternacht aus Thrakum gekommen. Die schneeweissen
schnellen Rosse des Rhesos wurden zu den Ställen des Diomedes geführt. Il. 10 a. E.

Uebersehen wir jetzt noch einmal das ganze der localen
Verhältnisse des Gebiet's der Dardania. Die ältesten Ruinen
in der Troas sind die der ältesten Gründung Dardania
(heute Hissarlik), das Erbe des Aineias, der nach der Erklärung
des Poseidon einst mit seinen Nackkommen über alle Troer
herrschen soll (Il. 2, 820. Il. 20, 306—8). Das ganze
Gebiet von Dardania durchfliesst der Osmak, anfangend oberhalb des Dardanischen Thors von Ilios, welches so

hiess, weil es in die Dardanische Ebene führte im Gegensatz zu dem links bei den Quellen von Bunarbaschi vorbeiführendem Skäischen Thor. Das Ende des Osmaks mündet in den Strom der drei Lagunen, in dem Lagergebiet der Achäer. Bis zum Anfang der Kämpfe des Diomedes und seiner Genossen gegen Aineias waren die Troer stets durch die Skaiai pylai in die Ebene hinausgegangen. Erst während der Diomedeia, als nach langen Kämpfen eine Ermüdung der Achaeer eingetreten und Ares sich in den Kampf gemischt hatte, kamen die beiden Schutzgöttinnen Here und Athene in die Ebene, begaben sich dahin, wo die Tapfersten um den Diomedes versammelt waren, Il. 5, 750 und hier war es, wo die Here Il. 5, 785 mit einer Stentor-Stimme rief: „Schande! über Euch, Argiver. Solange Achill kämpfte, „wagten sich die Troer nicht vor das Dardanische „Thor; jetzt richten sie ihren Kampf fern von der Stadt gegen „die Schiffe." An demselben Dardanischen Thor fiel später Hector durch den längs der Mauer von Ilios anstürmenden Achill (Il. 22, 194, 413 ff.).

Oberhalb des Dardanischen Thor's bricht mit Gewalt bei sehr hohen Wasser der Mendere über sein rechtes Ufer, füllt das Baluk, nimmt dem Kimar auf, und ergiesst sich mit dem hochangewachsenen „nie leer werdenden (cf. $α$-$ἰνέω$) „Djudan" in den grossen Osmak von Kalifat-Eli und den kleinen Osmak am Pascha-Tepe.

Alle nach rechts überfliessenden Gewässer ergiessen sich in den Osmak, soweit der höhere Boden, namentlich die Kornfelder es zulassen, erst bei den drei umwirbelten Inseln im Fluss, dann an zwei Stellen, wo die Ueberschwemmung Sandhügel hinterlassen hat, besonders bei dem natürlich höher gelegenen Dorf Kalifatli, welches links und rechts von einer Anzahl kleiner aus der Ueberflutung des Mendere entstandener Strömungen umflossen ist. Diese Höhe ist der Throsmos, über den auch Wasser aus dem Osmak zurückfliesst. Wie es scheint ist der höchste Punkt, auf dem das Dorf liegt, das Denkmal der viel umtanzten umflossenen „Strömerin, σῆμα πολυσκάρδμοιο Μυρίνης", wie die Götter es nannten (sie waren die Urheber der Umströmung), während die Menschen aber im gewöhnlichen Leben dasselbe Dornberg, *Batieia* nannten. Il. 2, 812. Offenbar lag dieses Denkmal mitten in dem θρωσμός, d. h. dem erhöhten Erdreich zwischen dem Mendere und dem Osmak Il. 10, 160. 11, 56. 20, 3. Auf diesem über die Flüsse erhöhten Gebiet irgendwo war auch das Denkmal des alten Ilos Il. 10, 415.

Der Osmak zieht sich nahe an den Vorbergen des Idagebirges insonderheit nahe dem steilen ὑπωρείαις hin, auf denen wir Dardania gefunden haben. Je weiter nach unten, desto fester und höher werden seine Ufer, desto wasserreicher sein Bett, zumal bei dem starken Zufluss des ausgetretenen Flusses von Thymbra (Thymbrekoi). Hier drängt ihn das Gebirge und der höhere Boden nach links hinüber, so dass er auf dem Wege zu den drei Stomalimnais ein auffallend tiefes Bett mit steilen Ufern bildet. Wenn die Wasser so hoch gestiegen sind, dass sie durch den kurzen gegrabenen Canal abfliessen können, dann bildet der Osmak und der Lagunen-Strom mit dieser „τάφρος ὀρυκτή" eine natürliche Grenze des ganzen Lagerraums, dann benutzt der Dichter (im 7. Buch) dies Ereigniss, um die Achäer um das Lager Wall und Graben ziehen zu lassen zum Schutz gegen die Troer. Vgl. Il. 7, 311, 435. 8, 179. 9, 66. 10, 198. 16, 369. 20, 49. Die häufige Erwähnung der τάφρος ὀρυκτή (neben dem natürlichen τάφρος, den der Lagunen-Strom bildete) ist der beste Beweis für dessen hohes Alter. An diesem gegrabenen Canal versammeln sich die Helden; von hier begeben sich Diomedes und Odysseus auf Auskundschaft, begegnen dem Dolon, von dem sie u. a. erfahren, dass Lykier am

Fluss von Thymbra stehen, und dass Rhesos eben aus Thrakien angekommen sei. Sie tödten den Rhesos und und führen dessen schneeweisse Rosse zum Lager des Diomedes.

Gleich nach der Doloneia (Il. 10) beginnt wieder ein langer heftiger Kampf auf dem Throsmos, (Il. 11, 56). In diesem sehr langen Gesang von dem Ehrenkampf des Agamemnon werden die Helden, welche wir zuerst um die drei Lagunen und dann im 10. Buch bei dem gegrabenen Canal sich versammeln gesehen haben, einer nach dem andern verwundet zu ihren Zelten gebracht, zuerst Agamemnon, nachdem Hektor von Zeus durch die Iris gewarnt war, sich nicht in den Kampf zu wagen, bis Agamemnon verwundet sei. Hektor thut das auch nicht in dem Kampf gegen die andern Helden, die verwundet werden, Diomedes, Odysseus, Machaon, Eurypylos. Letzteren verbindet Patroklos, den Achill gesandt hatte sich zu erkundigen, was geschehen sei, dass Nestor den Verwundeten (Machaon) zum Lager bringe. Nestor fordert den Patroklos auf, „den Achill zu bitten, entweder selbst gegen die Troer zu kämpfen oder den Patroklos seine Waffen zu leihen, damit er den Troern wieder Furcht einjage".

Die Ereignisse, welche in den folgenden Büchern 12, 13, 14, 15 erzählt werden, d. i. alles, was die $τειχομαχία, μάχη$ $παρὰ ταῖς ναυσίν$, die Folgen der $Διὸς ἀπάτη$ und die $παλίωξις$ $παρὰ τῶν νεῶν$ enthalten, geschieht fast ausschliesslich vom Throsmos aus gegen die Befestigung rechts von der Mündung des Mendere innerhalb des Lagers bei den Schiffen, und wieder auf dem Throsmos.

Nachdem in den ersten Versen des 12. Gesangs erzählt ist, was auch heute noch jedes Jahr in der Ebene geschieht, fährt der Bericht über die Action der Helden fort. Zuerst lässt man auf den Rath des Polydamas wohlweisslich Rosse und Wagen ausserhalb der Befestigung durch den Lagunenstrom zurück. Dann theilt Hektor die Troer und Hülfsvölker in fünf Ordnungen, von der Linken bis zur äussersten Rechten, **die erste** unter **Hektor** (am Mendere) und Polydamas und den Wagenlenker Kebriones, **die zweite** unter **Paris**, der meistens in der Nähe des Hektor ist, nebst 2 Begleitern, **die dritte** unter **Holenos Deiphobos** und **Asios, die vierte** unter **Aineias** mit 2 Söhnen des Antenor. Aineias, der Herrscher der Dardaner, stand natürlich am weitesten nach Osten in der Dardania. **Die fünfte** Abtheilung unter Sarpedon hatte keinen bestimmten Platz, weil die Hülfsvölker, namentlich die **Lykier**, überall erscheinen, wo der Boden abwechselnd „lykisch" ist, namentlich auf dem ganzen abwechselnd überschwemmten Throsmos. — Hektor (am Mendere) gegen die Mauer durchbricht das Thor, d. i. das Sandufer, und dringt in das Lager ein, nachdem Saipedon eine Zinne herabgerissen. Es folgen dem Hektor andere. Ihm leisten Widerstand die **beiden Aiasse**, welche oft ihren ersten Stand verlassen. Im 13. Buch steigt **Poseidon** von Samothrake herab den Achaeern zu Hülfe. Die beiden **Aiasse**, gestärkt durch Poseidon (13, 74—80), dann der **Telamonier Teukros** kämpfen gegen **Hektor** und andere. **Meriones** und **Idomeneus** beschliessen (13, 510) im Vertrauen auf die Widerstandskraft des Aias's und des Teukros, sich links, d. h. an ihrem Standort zu halten, kämpfen gegen **Asios** und **Deiphobes**. Die Achaer kämpfen glücklich bis Hektor einen neuen Angriff macht, dem die Achaer widerstehen.

Im 14. Gesang beschliessen die, wie oben erwähnt, verwundeten Heroën bei den Lagunen, ermattet durch ihre Wunden, ohne selbst zu kämpfen, den Achaeern Muth zuzusprechen. Poseidon hilft. Here schläfert den Zeus auf dem Ida ein. Hektor von Aias mit einem Stein getroffen, wird ohnmächtig aus der Schlacht getragen. Die Troer fliehen.

Die Achäer siegreich. Unter ihnen ausgezeichnet Aias, der Sohn des Oïleus.

Auch im 15. Gesang dauert der Kampf im Lagergebiet fort. Zeus liess den Poseidon aus der Schlacht zurückrufen und sandte den Apollon, dass er den Hektor heile. Apoll schreckt die Achäer. Diese unter Aias und Idomeneus sammeln sich wieder. Aias vertheidigt das Schiff des Protesilaos gegen den feuerfordernden Hektor.

Im Anfang des 16. Gesangs vertreibt Patroklos in den Waffen des Achilleus die Troer von dem bereits brennenden Schiff aus dem Lagergebiet und verfolgt sie auf den Throsmos zurück, von dem sie unter Hektor gegen das Lager vorgedrungen waren.

Nach Beendigung des Kampfes im Achäer Lager beginnt noch im 16. Gesang (Patrokleia) der Kampf des Patroklos gegen Sarpedon auf dem Throsmos. Patrokles fällt, Hektor raubt die Waffen des Patroklos-Achill. Doch gelingt es (im 17. Gesang) dem Menelaos und Meriones unter dem Beistand der beiden Aias die Leiche des Patroklos in das Lager zum Zelt des Achill zu bringen.

Während Achill um die Leiche des Patroklos klagt, steigt die Thetis mit den Nereïden aus dem Meer empor und verspricht ihrem Sohn neue Waffen aus der Werkstatt des Hephaistos. Die Ὁπλοποιΐα bildet den Uebergang von den Kämpfen im Lager und auf dem Throsmos zu dem letzten Kampfe des Achill in der Ilias. In Beziehung auf die Patrokleia und die Hoplopoiia ist in meiner „Erklärung der Ilias" schon das Nöthige gesagt.

Nachdem wir das Gebiet von Dardania unterhalb der Ruinen der alten Stadt, d. h. das Gebiet des zweitgrössten Flusses, des Osmaks, vom Dardanischen Thor über den Djudan hinaus bis an die Befestigung des Achäischen Lagerplatzes durch den Lagunenstrom, dann die Kämpfe

Kampfplätze.

in dem Gebiet des Hektor auf dem Throsmos, innerhalb des Lagergebiets vom Mendere her und des Rückzuges der Troer auf dem Throsmos kennen gelernt haben, führt uns die Ilias zu den letzten Kämpfen über die ganze Troische Ebene unter der Führung des mit neuen Waffen vom Olymp durch die Thetis versehenen Achilleus.

Achilleus entsagt dem Zorn und drängt zur Schlacht. Nach Versöhnung mit dem Agamemnon erscheint er mitten unter den Achaeern glänzend in den neuen Waffen Il. 19, 364. Die Achaeer nehmen ihre Aufstellung längs dem Ufer vor den Schiffen, die Troer auf dem Throsmos zwischen dem Osmak und dem Mendere Il. 20, 1. Nachdem Zeus durch die Göttin der aufsteigenden Dämpfe, Themis, alle Götter der Gewässer der Erde in den Himmel gerufen, ihnen den Kampf erlaubt hatte, entstand in der Theomachie ein gewaltiger Kampf der Götter unter einander. Sie alle geboten über die Gewässer von den Bergen, in der Ebene und aus dem Meer. Bald aber zogen sie sich auf die umliegenden Höhen zurück, umgaben sich mit Nebel (20, 150) den Kampf den Menschen überlassend. Diese erfüllen die ganze Ebene (20, 156). Zuerst begegneten sich *Αἰνείας* und Achilleus in dem Gebiet des Osmak in dem Reich des Aineias. Achill verhöhnt den Aineias als hoffenden Erben des durch „Baumwuchs und Ackerland ausgezeichneten" höher gelegenen Dardanischen Landes vor dem gleichnamigen Thor der Stadt der Troer (20, 185). Homer lässt den Aineias mit absichtlicher Ausführlichkeit über seine Vorfahren antworten, deren erster, Dardanos, Sohn des Zeus, die erste Stadt in der Troas auf den Vorbergen des Ida's (heute Hissarlik) gebaut habe, da man erst später die Stadt Ilios in der Ebene (i. e. bis an die Skamander Quellen) habe bauen können (Il. 20, 213—252). Zum Schluss dieser Rede (245 ff.) lässt Homer den Aineias gleichsam sich selbst über die grosse Menge der Mythen ironisiren, wie er es ja zweimal dem Zeus in Beziehung auf die Hera (Il. 4, 35 und 18, 357); auch dem Patroklos in Beziehung auf den Achilleus (Il. 16, 33) in den Mund legt. Poseidon rettet den Aineias, wie erwähnt, damit seine Nachkommen die Troer beherrschen (Il. 20, 307). Achilleus strömt mit den Danaern vorwärts gegen die von Hektor ermuthigten Troer auf dem Throsmos. Apollon führt den Hector aus dem Kampf gegen den Achill. Als aber Achilleus zu vielen andern auch den Polydoros den Sohn des Priamos überwunden hatte, eilt Hektor seinem Bruder zu Hülfe. Athene lenkte den Speer des Hektor ab und Apollon entfernte wieder im Nebel den Hektor aus dem Gefecht (20, 442). Achilleus verfolgt die Fliehenden und mit den Danaern, zu Ross und zu Wagen richtet er ein fürchterliches Blutbad an. Alles dies geschah auf dem Throsmos bis an den Mendere, während Hektor unverletzt blieb.

Von hier an drang der (Ueberschwemmungs-) Held Achilleus nach der andern Seite des Mendere in das bekannte Gebiet des Skamander-Xanthos (20. Buch) in welchem Achill eine Menge Troer ertränkte, nur zwölf rettete zum Opfer für den Patroklos. Dann tödtete er den Lycaon und warf ihn in den Skamander, dass er ihn ins Meer trage. Auch den Asteropaios streckt er hin. Es folgt die $\mu\acute{\alpha}\chi\eta$ $\pi\upsilon\varrho\alpha$-$\pi o\tau\acute{\alpha}\mu\iota o\varsigma$ in dem Marschgebiet bis an das Meer.

Achill hatte beim Ueberschreiten des Mendere die Menge der Troer links im Skamanderthal stromaufwärts gegen die Stadt entlaufen lassen (21, 3) wo ihnen Priamos die Thore öffnen liess. Nachdem auf Befehl der Hera Hephaistos dem Skamandros zu Hülfe gekommen war, so dass der Fluss in dem gegrabenen Kanal ruhig in's Meer fliessen konnte, wandte sich Achill mit den Achaeern gleichfalls stromaufwärts zur Verfolgung der in die Stadt fliehenden Troer.

Kampfplätze.

Nur Hektor blieb ausser der Stadt vor dem Skäischen Thor. Vor dem verfolgenden Achill flieht er, immer dicht unter der Mauer der Stadt auf dem Fahrwege neben den Quellen des Skamandros bei Bunarbaschi und weiter neben dem oberen Simois, der die drei Inseln umwirbelt Il. 22, 246 f. τείχεος αἰὲν ὑπὲκ κατ' ἀμαξιτὸν ἐσσεύοντο, κρουνὼ δ' ἵκανον καλλιρρόω, ἔνθα δὲ πηγαὶ δοιαὶ ἀνύσσουσι Σκαμάνδρου δινήεντος, κ. τ. λ.

Von den Quellen, und deren natürlicher Beschaffenheit, die sich (bei 15° Reaum. oder 63" Fahrenh.) immer gleich bleibt, während die eine in dem grossen flachen Bassin im Winter χειμῶρι sagt d. Schol.) dampft, die andere aus dem nahen Felsen hervorsprudelnde im Sommer (θέρει sagt Homer 22, 151) Kühl ist wie Eis" habe ich schon vor mehr als funfzig Jahren in dem Programm „de Skamandro" zum Index Scholarum Wintersemester 1840—41 in Kiel die nöthige und einfache Erklärung nach dem Homer gegeben. Damit endlich das Geschwätz über die Quellen mit gleichen Wärmegraden und die Unmöglichkeit, dass die eine warm sei und dampfte, und die andere kalt sei wie Eis, aufhöre, habe ich die kurze Abhandlung jüngst in der Schrift „die Kyanen S. 22—24" wörtlich wieder abdrucken lassen, auch in der „Erklärung der Ilias" ausführlich über die Quellen gesprochen. Gleichwohl begegnet man auch heute noch überall dem Zweifel an die warmen und kalten Quellen bei 15" Reaum. Da mag man wohl rufen mit Shakespeare: „hic et ubique."

Dasselbe kann man sagen von der zunächst folgenden Erzählung von der dreimaligen „Umrennung" der Stadt. Von einer Umrennung ist überhaupt nicht die Rede, sondern von einem „Umwirbeln" „in der Nähe der Stadt." (πόλιν πέρι δινηθήτην 22, 165.) Im Folgenden 173, 230. heist es ἄστυ πέρι oder περὶ ἄστυ 251 d. i. um die untere Stadt: ἐν πεδίῳ.) Man vgl. die Karte mit den 3 umwirbelten Inseln.

Homer benutzt die umwirbelten Inseln zu einer poetischen Erzählung von dem vordringenden Achill und dem überflutheten Simois (·Hektor). Er **wollte** doppelsinnig reden, indem er nicht umrennen, sondern richtig **umwirbeln** sagte. Die **untere** Stadt Ilios war wie Dardania aus sonnengebrannten Steinen gebaut, welche ohne Dach unter dauerndem Regen verschwinden, wie bekannt; (Vgl. Forchhammer Topographie von Athen). Daher finden sich in diessem Theil der Stadt **keine** Ziegelsteine, wohl aber eine Anzahl Brunnen.

Uebrigens ist 22, 208 zu streichen. Die beiden hinter einander herwirbelnden kommen gar nicht zum **vierten** Mal zu den Quellen, bei denen sie überhaupt nur **ein** Mal gewesen waren. Der Vers 208 stammt aus 20, 447 αλλ' ὅτε δὴ τὸ τέταρτόν ἱκέσθην. — Die folgenden Verse 10, 22, 209 ff. καὶ τότε δὴ χρύσεια πατὴρ — — stimmen ganz nach Inhalt und Worten mit 8, 89 ff.

Hektor flieht weiter an der Mauer entlang. Achill verfolgt ihn und **tödtet ihn an dem Dardanischen Thor**, wo später sich der wehklagende Priamos im Schmutz wälzt. Il. 22, 413 vgl. Schol. Il. 22, 194.

Hektor ist todt. Wer weiss, dass Achilleus der seine Ufer überschreitende, überschwemmende, vom Meer kommende Fluss ist, wird sich auch wohl auf einen Augenblick darin finden, dass der Fluss, der sich **innerhalb seiner Ufer hält** vom Gebirge herabkommend, nicht als Simoeis, sondern als **Hektor** (Ἕκτωρ) gegen den Ἀχιλεύς kämpft. Als die Ueberschwemmung vordrang, musste der Uferfluss immer weiter zurückweichen. Als beide bis an das Dardanische Thor gelangt waren, war der Simoeis unter der allgemeinen Ueberfluthung verschwunden. Jetzt existirte in der Troischen Ebene kein Hektor, anders, denn als Leiche. Schnell wie zuweilen die Fluth gekommen war (die Bewohner der Ebene erzählten uns, es geschehe zuweilen in 5 Stunden), so schnell floss dem Dichter die Ueberschwemmung mit dem Wasser des Simois zurück; Achill band die Leiche des Hektor an seinen Wagen und fuhr zu seinem Lager und Zelt. Die Ebene war alsbald leer von Wasser, denn die Götter waren wieder zu den Aethiopern gezogen zum Mahl (vgl. „Prolegomena Cap. 3.") So erzählt die Iris, welche von Aethiopien herbeigeeilt war, um bei der Verbrennung der Leiche des Patroklos den Boreas und Zephyros aufzufordern das Feuer des Scheiterhaufens anzufachen Il. 23, 192—211. Dann eilte sie zurück, um an dem Göttermahl theilzunehmen. — Es ist in Hellas immer trockene Witterung wenn die Götter, mit Ausnahme der Schneegöttin Hestia, die auf dem Olymp bleibt, nach Aethiopien gezogen sind (vgl. meine „Gründung Roms"). Darum musste ja auch die Thetis im Anfang der Ilias die Rückkehr der Götter und des Zeus abwarten. — Nach der Bestattung des Patroklos folgten ihm zu Ehren die Kampfspiele, bis zum Ende des 23. Buchs. Das 24. Buch enthält die λύτρα Ἕκτορος.

Nach Verhandlungen unter den Göttern befiehlt Zeus durch Thetis dem Achilleus, den Hektor gegen Lösegeschenke zu erlassen, und durch Iris dem Priamos, dem Achilleus die Lösung für Hektor zu bringen. Hermes begleitet unerkannt den Priamos. — Zur Erklärung der Umwirbelung der beiden Helden war ich oben genöthigt, von der strikten Realbeschreibung abzusehen, um zu zeigen, dass das unmöglich scheinende doch möglich und wie alles übrige doch wirklich sein konnte.

Wenn nun also Priamos (Ἰαρδανίδης öfter) nach Analogie der „Tiberinus Serra" („Erklärung der Ilias" p. 156) nur der poetische oder heilige Name des fast wasserlosen Simoeis war, wie konnte er von Ilios zum Achill kommen, und von dort gegen den Strom die Leiche des Hektor nach Ilios bringen? Vgl. „Erklärung der Ilias" Schluss.

Er konnte das nur wenn, nach Hinabschleppen der Gewässer des früher vollen Simoeis nach dem Lager, der schwache Rest des Flusses durch sein auf wenige Meter verengten Kies- und Sandbette sich hindurch sägte, und daher (nach Analogie des „in sacris serra" genannten Tiber) „Sägsand" „Περί-αμος" war und genannt wurde. Als er beim Achilleus angekommen, fand er den Hektor nur noch als Nebel und Thau. ἐρσήεις, Il. 24, 419 und als solcher konnte nun die Leiche des Hektor getragen von dem Wasser in dem Sandbett des Flusses stromaufwärts getragen werden und auch als Thau ἐρσήεις in Ilios ankommen. Il. 24, 757.

So konnten wir den Schluss der Ilias, weil er der Natur widersprach, nur durch eine mythisch-etymologische Auflösung einer vielleicht uralten heiligen Sprache mit der Natur in Uebereinstimmung bringen. Vor allem aber nöthigte uns Il. 22, 165 ὥς τὼ τρὶς πριάμοιο πόλιν πέρι δινηθήτην aus der scheinbaren aber durchaus unmöglichen Umrennung der Stadt, als eine absichtliche mythische Täuschung, durch die wirkliche Umwirbelung der drei Inseln im Fluss neben der Stadt, d. i. der unteren Stadt ἄστυ, zu erklären.

Zur Lokalisirung der einzelnen Kämpfe und Handlungen der Götter und Heroen war zunächst eine genaue Beschreibung der Erd-, Berg- und Fluss-Verhältnisse, und dann Auffinden fester Punkte einzelner Handlungen erforderlich, wozu vor allem die von Homer bestimmt angegebene Lage von Dardania und dessen Gebiet gehörte. Nachdem wir nun aber genau erfahren haben, wo Achill sein Zelt innerhalb des Lagers nicht am Hellespont, sondern am Aegaeischen Meer, wo ihn die Thetis fand, hatte, und dass der Skamandros seinen Namen von dem gegrabenen Flussbett in dem Marschlande unterhalb Bunarbaschi hatte, können wir noch einen Blick auf den Anfang der Ilias werfen.

Apoll war vom Olymp herabgestiegen, mit **rauschenden
Waffen, „gleich der Nacht"** nahm seinen Platz getrennt
von den Schiffen, traf zuerst die Maulthiere und hurtigen
Hunde, dann sie selbst die Achaeer. Neun Tage stürmte das
winterliche Unwetter (κῆλα cf. Il. 12, 280.) Das war offenbar
kein Sonnengott, der durch Hitze eine Pest verursachte,
sondern er drohte die Schiffe der Achäer in's Meer zurück-
zuwerfen. Streit mit dem Agamemnon. Achill zieht sich
zurück an das Ufer des Meers.

Dann folgt die Aufstellung der Achäer in der **Ska-
mandrischen Ebene**, also in dem **Marschgebiet** zur
Linken des Mendere. Die Troer stellen sich zur Rechten des
Mendere auf den **Throsmos** in der Gegend des **Denkmals
der Myrina** (cf. oben S. 19). Kämpfe des Menelaos und
Paris. — Epipolesis. Vgl. oben S. 14.

Aus dieser sorgfältigen Feststellung **aller Punkte in
der Ebene**, wo die Actionen der Götter und Heroen statt-
fanden, die man nun auch leicht nach den Büchern ordnen kann,
gewinnt wohl die **ursprüngliche Einheit der Ilias** eine
grosse Wahrscheinlichkeit, um nicht zu sagen Gewissheit. Wenn
man erwägt, dass Pindar und Aeschylos nach **Anthedon**
reisten, um die Sage vom **Claucos pontios** zu studiren,
(Paus. 9, 22, 7) wird man wohl geneigter sein, mit Steph. Byz.
s. v. Κεγχρεαί, anzunehmen, dass Homer in dem Troischen
Kengchreä (seinem Geburtsort nach Suidas) sich aufgehalten,
um die **Troischen Begebenheiten durch Erfahrung
kennen zu lernen".**

Diejenigen Mythenerklärer, welche sich auf den historisirenden Theil des Mythos, d. h. auf die **Sage** beschränken,
aber das Aristotelische **Wirkliche, Vorhandene**, das
ὕπαρχον, die dem Mythos zum Grunde liegende bewegliche
Natur nicht anerkennen, werden durch den Nachweis der
Lokale, in denen die Heroen und Götter als poetische ge-

glaubte Personen erscheinen, befriedigt sein können. Während man in anderen historisirenden Mythen, z. B. in der Argonauten-Sage, die Fortbildung oder Veränderung in der literärischen Entwickelung nachzuweisen sucht, bedarf es einer solchen Nachweisung in der Ilias des Homer nicht. Alle Actionen der handelnden heroischen und göttlichen Personen der Ilias sind innerhalb des Homer nachgewiesen. Die Synapsis τῶν ἀδυνάτων des λέγοντα ὑπάρχοντα ist vollständig vorhanden.

Nun aber sagt Aristoteles, dass in dem mythologischen Räthsel zugleich das Hyparchon die zum Grunde liegende wirkliche Natur mit ihren Bewegungen und die Handlungen der Götter und Heroen genau mit einander übereinstimmen und dass beide dasselbe sagen. Dass zur Erklärung des Mythos eine willkürlich angenommene „Personification", der man auch Anderes nach Ort und Zeit andichten kann, hier ebensowenig ausreicht, als in irgend einer wahren Mythologie, ist einleuchtend.

Wir schliessen diese Abhandlung mit denselben Worten, wie oben den Aufsatz über die Sprache: Nur wer die zwiefache Eigenthümlichkeit der Sprache richtig auffasst und damit die genaueste Kenntniss des betreffenden Landes verbindet, wird im Stande sein den Homer vollständig zu verstehen.

Druck von Schmidt & Klaunig in Kiel.